शब्दों की जादूगरी

SHABDON KI JADUGARI

सृष्टि शिवहरे

मेरे प्रिय पाठकों ,

मेरी ये किताब मेरे पापा स्व. श्री रामहारी शिवहरे जी को समर्पित हैं मैं अपने पापा से बेहद प्रेम करती हूं ,हां माना कि आज वो मेरे साथ नही है 16 may 2021 को वो इस दुनिया को अलविदा कह गए मैं उनके जाने के बाद टूट ही गई जैसे अब कुछ नही बचा मेरे पास पर सब ने सांत्वना दी की पापा कहीं नही गए वो हमेशा मेरे साथ होंगे उनके बाद मैं बहुत खोई खोई सी मैं रहने लगी थी तब मैंने मेरे पापा का सपना जो कि किताब लिखने का था मैंने उसे पूरा करने का ठान लिया और ये किताब लिखी पापा मैंने आपका सपना पूरा कर लिया है आप जहां भी हो मुझे जरूर देख रहे होंगे और आपको बेहद खुशी होगी कि आपकी लाडो ने आपका सपना पूरा कर के दिखा दिया काश आप भी मेरे पास होते और ये सपना पूरा होते मेरे साथ देख पाते आपकी बहुत याद आती है पापा ...
आशा करती हूं की मेरे प्रिय पाठकों को मेरी किताब पसंद आएगी ।।

आपकी प्यारी लाडो (सृष्टि शिवहरे)

I miss you papa ...
I love you forever

क्रम-सूची

क्रम-सूची

क्रम-सूची

प्रस्तावना

मैं एक लेखिका हूं मेरा नाम सृष्टि शिवहरे है मुझे लिखने का बहुत शौक है मैंने अपनी किताब में अपने पापा के लिए बहुत से पोएट्री और कुछ यादें संजोई है मैं अपनी किताब के जरिए समाज को और अपने प्रिय पाठकों को बहुत से संदेश देना चाहती हूं कि कैसे अपने मां पापा का सम्मान करना चाहिए उनके लिए जीना चाहिए अपने सपनो के साथ साथ उनके सपनों को भी पूरा करना हमारा कर्तव्य है मां पापा ही है जो हमसे निस्वार्थ प्रेम करते है

आज के समय का कड़वा सच नारी का सम्मान बहुत कम लोग करते है और कुछ तो ढोंग किया करते है

नारी का सम्मान करना सबसे बड़ा धर्म है आजकल के दौर में नारी को पैर की जूती समझने की जो भूल करते है लोग उनके लिए मैं बस यहीं कहना चाहूंगी कि नारी किसी से कम नही है चाहे वो कोई भी फील्ड हो नारी सबसे आगे है अपने बेटियों को पढ़ाए उनके सपने पूरे करने में उनकी मदद न सही पर उनको इतना यकीन दिला दो कि आप उनके साथ हो चाहे जो मुश्किल हो आपके बच्चों के लिए आपका साथ ही बहुत बड़ी बात है कभी कभी हम रास्ता भटक जाते है तब मां पापा ही हमे याद आते है वही सही रास्ता दिखाते है प्यार जीवन में प्यार का भी एक हिस्सा होता है ये भी एक अभिन्न हिस्सा है मैं ये नही कहूंगी कि प्यार अच्छा है या बुरा है बस आपका नजरिया सही होना चाहिए तो आपको हर चीज खूबसूरत लगेगी जैसे सब चीजें जरूरी है वैसे प्यार भी मां पापा का प्यार भाई बहन का प्यार अपने जीवनसाथी का प्यार सभी का प्यार महत्वपूर्ण है!!..

भूमिका

सृष्टि शिवहरे एक पेशे और लेखिका के रूप में एक छात्रा हैं, जिन्होंने झांसी से अपनी बीएससी पूरी की है और इसके अलावा उन्होंने एक सर्वश्रेष्ठ संस्थान से आई.टी.आई इलेक्ट्रिकल (सी.ओ.ई.) भी पूरा किया है। वह इतनी मेहनती लड़की है कि एक लेखिका होने के नाते वह हमेशा अपने विचारों को अपने शब्दों को एक धागे में पिरो कर पन्नों पे बिखेर देती है और इसके साथ साथ सभी का ध्यान रखती है अपनी ज़िमेदारी भी बखूबी निभाती है इनके शब्दों में बहुत दर्द और सच्ची भावना छिपी होती है। वो अपने शब्दों से लोगो के दिलो को छू लेती है और वह एक दयालु हृदय वाली लड़की है और वह हमेशा लोगों के चेहरे पर प्यार और खुशी फैलाने की कोशिश करती है।

सृष्टि शिवहरे

भूमिका

आमुख

मैं लेखिका सृष्टि शिवहरे यह मेरी पहली पुस्तक है, मैने मेरे पापा के लिए कुछ यादें इसमें अर्जित की है जो अब अमर हो जाएंगी और कुछ पोएट्री , नारी जीवन और समाज के उपर कुछ विचार लिखे है ये किताब किसी व्यक्ति या समाज को हानि पहुंचाने के लिए नही है मैने अपने विचार व्यक्त किए है अपने जज्बातों को पन्नो पे बिखेर दिया है मेरी भावनाएं और कुछ काल्पनिक पोएट्री लिखी गई है किसी को भी मेरी बात से ठेस पहुंचे तो मैं क्षमा चाहती हूं उम्मीद है मेरी पुस्तक आपके दिल को छू जाएंगी ।।

1. हर हर महादेव

सुख - दुख से दूर ओमकार है ..
बेलपत्र , धतूरा ही उनका भोग है ..
अमृत मंथन से निकले विष को शिव ने ग्रहण किया तब
से उनको नील कंठ के नाम से ही जाना ..
मां पार्वती घबरा गई शिव को विष पीता देख रख दिया
हाथ कंठ पे उतरने ना दिया विष को कंठ से ..
विष पीता देख देवों ने जोड़े हाथ
निकला जो अमृत दिया सब देवों के हाथ ..
ऐसे है हमारे भोले भंडारी जिनको खुद से ज्यादा अपने
भक्तो की परवाह है ..
है निराले सारे जग से मेरे भोले बाबा ...!

2. महाकाल

काल भी उसका क्या बिगाड़े जो भक्त हो महाकाल का ..
गर छोड़ दे जो साथ तेरा दुनिया भी तो संकोच न करना
किसी बात का ..
साथ हो जो उसका तो भय किस बात का ..
याद रख तू भक्त है महाकाल ..!

3. मां पापा

मां कभी कभी गुस्से में डांट देती थी तो बाबा हमेशा बचा लिया करते थे ऐसे ही पापा की परी थोड़ी कहते है हमे ,,
बाबा की जान बस्ती है बेटियों में और मां की उस झूठ मुठ की डांट में भी ढेर सारा प्यार होता है जो गुस्सा शांत होने पे उनकी आंखों में दिख जाता है ..!
उस ईश्वर का दिया हुआ तोहफा है मां पापा प्रेम उनका निस्वार्थ है

है किसी के प्यार में थोड़ा बहुत मतलब अवश्य होता है पर मैं पापा बिना किसी चाह के आपसे प्रेम करते है धरती पे ईश्वर का दूसरा रूप हैं मां पापा ..!
दोनो ही अनमोल खजाना है ..!

4. पापा के साथ कुछ बातें कुछ यादें

मेरे बाबा अब हमारे बीच नहीं रहे उनकी बहुत याद आती है ,,

जब वो थे तब मैं उनसे बहुत सारी बाते किया करते थी पूरा समय बाबा के साथ ही गुजरता था वो उनके वक़्त की बाते बताया करते थे वो पुरानी बहुत सी यादें बाते उस दौर की मीठी सी झलक की याद किए करते थे ।

उनके दौर में ये मोबाइल फोन नहीं चलते थे खता चला करते थे फिर टेलीफोन चलने लगे ,, तब लोगों की पास समय बहुत हुआ करता था एक दूसरे के साथ बैठ के बाते करते थे संयुक्त परिवार में रहते थे तो एक अलग ही अपनापन था बच्चे बड़े सब एक दूसरे की बहुत इज्जत किया करते थे बडो के सामने ऊंची आवाज़ बात नहीं करते थे बड़े भाई को पिता के समान इज्जत दिया करते थे उन्होंने अपने छोटे भाई को पढ़ाया लिखाया उन्हें एक काबिल इंसान बनाया ..

मेरे बापू इस दुनिया के सबसे अच्छे बापू थे साथ नहीं है पर यादों में हमेशा साथ रहेंगे मेरे दिल में रहेंगे आपका साथ बहुत अनमोल था जब भी मैं उदास होता थी तो बापू हंसा देते थे लाड़ो क्या हुआ क्यों मुंह फुला ली तब मैं बात बताती थी के ये बात है और वो मुस्कुरा देते है मनाया

करते थे समझाते थे एक ही तो प्यारी लाड़ो है मान जाओ
मैं मान जाती थी ..

हर रोज मेरे लिए कुछ न कुछ लाते थे मेरी नानखटाई तो
हमेशा लाते थे मेरे लिए गाना गाया करते थे ।।

"लाड़ो लाड से भरी लाड़ो हमसे लड़ी लाड़ो मान भी जाओ "
इस गाने में इतना प्रेम था बाबा का के मैं शब्दों में जाहिर
ही नहीं कर सकती मुझे मेरे बाबा ने इतना प्यार दिया कि
मैं क्या कहूं.. उनकी कमी अब बहुत लगती है एक अजीब
सा सूनापन जैसे दुनिया में अब कुछ बचा ही नहीं कौन
मेरी हंसी देख के हंस देगा कौन कुछ गलती होने पे
समझाएगा मुझे गले से लगाएगा ..।।

आपके होते हुए बाबा कभी डर नहीं लगता था आपका
साया ही हमारे लिए बज्र कवच था क्यों आप हमें छोड़ के
चले गए ..।

आपकी बहुत याद आती है बाबा आपकी प्यारी लाडो ......

5. पापा

पापा का प्यार वो जादू है जो दिखता भले ही ना हो पर
असर कर जाता है ..
उनकी डांट में भी कहीं ना कहीं प्यार छुपा होता है ..
वो चाह कर भी अपना प्यार जाहिर नहीं कर पाते है बाहर
से खुद को मजबूत
बनाए रखते है पर दिल मोम सा रखते है ..
जरा कुछ मुसीबत आए हमपे तो पहाड़
बनके खड़े हो जाते है ..
खुद की चोट की परवाह नहीं करते है और हमे कुछ हो
जाए तो तड़प उठते है ..
गम रूपी बारिश से बचाने वाले छाता है जाड़ों की धूप और
गर्मी की छाव है पापा ..।।

6. यादें जो अब रुला जाती है

पढ़ाई ख़त्म होने के बाद बहुत सा वक़्त बापू के साथ गुजरा मुझे पहले पढ़ाई से फुर्सत नहीं मिलती थी चार ट्यूशन होमवर्क स्कूल फिर कॉलेज की पढ़ाई बहुत पढ़ना होता था मैंने सीपीएमटी की भी तैयारी की थी जितना मेरा मन था मैंने खूब पढ़ा मेरे मां पापा ने कभी कोई कमी नहीं की किसी भी चीज में मेरे लिए हर वो चीज की जो मैने कहा मुझे जितना पढ़ना था पढ़ाया ..

मेरे बापू हमेशा मेरा सपोर्ट करते थे हर बात पे उनके बाद उनकी हर एक बात बहुत याद आती है वो कहते है ना किसी के जाने के बाद हर बात बस उसकी ही याद दिलाती है और ये तो मेरे पापा थे मेरी सबसे अनमोल दौलत कभी तो ऐसा लगता है कि एक बार देख लूं वो मुझे आवाज़ दे मैं उन्हें एक बार छू लूं उनकी वो मनमोहक मुस्कुराहट जिसे देख के सुकून आ जाया करता था वो बहुत याद आती है काश बापू मैं आपको एक बार देख पाती तो गले से लगा लेती आपको खुद से दूर जाने ही नहीं देती उस खुदा से भी लड़ जाती मैं आपके लिए ए खुदा मेरी ज़िन्दगी ले ले मेरे बाबा लौटा दे ..

पिता का साया सिर से उठ जाए ना तब जो तकलीफ होती है ना उसको ज़ाहिर नहीं कर सकता दुनिया में कोई बस

उसे महसूस कर सकते है ऐसा किसी के साथ ना हो कि उसे अपने बाबा के बिना जीना पड़े कोई भी दुख तकलीफ आपको छू नहीं लगा सकती पापा के होते हुए वो खुद पे ले लेते है मुसीबत पर बच्चों पे आंच नहीं आने देते ..
मैं जब कभी भी परेशान होती थी तो पापा के पास बैठ जाती थी उनकी वो मुस्कुराहट सुकून दे जाती थी उनसे बात करके सब परेशानी छू हो जाती थी ..।।

7. अपने हिस्से की खुशियां

अपने हिस्से की खुशियां भी हंसते हंसते कुर्बान
कर देते है पापा
अपने ज़िम्मेदारियों से कभी मुंह ना मोडे वो है पापा
अपने होते हुए किसी मुसीबत को हम तक
आने नहीं देते है पापा
हमारे अच्छे भविष्य के लिए हमको डांटते है और दिल में
ढेर सारा प्यार रखते है पापा ..
जितना लिखूं उतना कम है आपके लिए पापा ना जाने
और कितना
कुछ करते है हमारे लिए पापा हमे बिना खबर लगे ..!

Love u so much papa miss u a lot ... ?

8. मेरा सुकून थे आप

थोड़ा सा सुकून मिल जाता था
जो आपके चेहरे को देखकर बाबा
वो अब कही खो गया है ..!
आपके जाने के बाद सब सुना हो गया है
सुबह सुबह समाचार सुनना , चिड़ियों को दाना डालना ,
पौधो में पानी देना ,,
नाश्ते के साथ चटपटी बाते करना आपके जीवन की कुछ
बाते सुनना कुछ यादगार पलों को संजोना अच्छा लगता
था ....!
कभी सोचा न था कि आपके बिना भी एक दिन होगा जो
मुझे गुजारना होगा और वो दिन इतना कठिन होगा जो
ख्वाब में भी नही देखा था मैने ....!
हर वक्त एक आपकी कमी जो शायद कोई भी पूरा नहीं
कर सकता है ....!
बाबा ये बस शब्द नही ये मेरे जीने की वजह है चाचा
मामा अंकल सब बना सकते है ,
पर बाबा और मां तो बस एक ही होते है ...!
बिना किसी स्वार्थ के हमसे बेहद बेइंतहा मोहब्बत करते है
हर वक्त बस हमारे भले के लिए सोचते है....!
सारी जिंदगी बस हमे खुश देखना चाहते है हमारे लिए हर
वो काम करते है जिससे हमारा भविष्य बेहतर हो ...!

बाबा आपकी कमी हमेशा खलती रहेगी अपनी गुड़िया की
दुनिया सूनी करके क्यों आप चले गए .....

9. मां बाप

जो मां बाप ज़िन्दगी भर अपने बच्चो को पालने पोषने की
हिम्मत रखते है..
वहीं मां बाप बुढ़े हो जाने पर बच्चो को बोझ लगने लगते
है.. ये कैसी विडम्बना है जो मां बाप अपने बच्चो के लिए
सब कुछ करते है..
और जब वे वृद्ध हो जाते है तो उनकी जरूरते पूरा करने
के लिए तुम कतराते हो और वहीं अगर तुम्हारी पत्नी या
बच्चे तुमसे कुछ मांगे तो तुम फौरन ला देते हो ,,
आखिर कब तक ये भेद - भाव करोगे ..।।
तुम ये मत भूलो कि इक दिन तुम्हारा भी बुढ़ापा आएगा
और भग्वान ना करे ,,
अगर तुम्हारे बच्चों ने भी तुम्हारे साथ ऐसा व्यवहार किया
तब तुम्हें एहसास होगा उस पीड़ा का जो तुमने अपने मां -
बाप को दी पर उस वक्त तुम कुछ ना कर सकोगे ।
इसलिए समय रहते संभल जाओ उनकी कदर करो ,,
जिन्होने तुम्हें ये जीवन दिया वरना वक्त सबका आता है
आज उनका है ,
तो कल तुम्हारा आएगा सबको अपने कर्मो की सजा यही
मिलती है ...।।
और एक बात जब तक आपके पास कोई चीज होती है तब
तक उसकी कीमत समझ नही आती पर जब कल यहीं मां
- बाप तुम्हारे साथ नही होंगे ना ,,

तब तुम्हे उनकी कीमत समझ आएगी तब सिवाय पछताबे
के कुछ ना कर सकोगे ..।।
मां बाप वो अनमोल दौलत है जो आप पैसों से नहीं खरीद
सकते इनका होना ही किसी खजाने से कम नहीं है ..।।

10. क्या हुआ जी ....?

क्या हुआ जी आप ऐसे क्यों देख रहे हो मुझे एकटक
अरे कुछ नही जी बस यूंही ..
कुछ तो बात है बताओ क्या मैं कुछ अलग रही हूं आज
अरे आपका क्या कहना मोहतरमा आप तो हमे हमेशा ही
हुसन की मल्लिका लगती हैं ..
और आज तो आप कहर ढा रही ही है इस लिबाज़ में
इसलिए मेरी नजरें आपसे हट ही नहीं रही हैं ..
अच्छा जी ऐसा बात है ,
हां बिल्कुल आपको मेरी ही नज़र ना लगे मैं आपका नजर
बट्टू बन गया हूं अब मुझे ठीक से निहारने दो आपको ..
आप भी ना बड़े बेशर्म हो गए है ..
अब इसमें क्या बेशर्मी कर दी मैंने अपनी प्रेमिका को
निहारना भला कोई जुर्म है क्या ...? अगर है भी तो मैं ये
जुर्म हर बार हर रोज करूंगा ..
हां तो जब आपको पता है तो आप जीतने की कोशिश
करती ही क्यों है मोहतरमा ..
ठीक है जी मैं हार गई आप निहार लीजिए अपनी प्रेमिका
को ,,
बस ऐसे ना देखिए मुझे शर्म आता है ..
हां तो आप शर्मा लीजिए ना मुझे आपका शर्माना भी बेहद
पसंद है ..
ठीक है जी ......जी मोहतरमा ..!

11. बस तुझमें ही मैं गुम हो लूं

दिल करता है कि तुझे बाहों में भर लूं ..
तेरी जुल्फों से मैं खेलूं ..
तेरे मासूम से चेहरे की वो चमक ओढ़ लूं ..
तू मेरा सुकून है बस तुझमें ही मैं गुम हो लूं ...!

12. मेरी प्यारी मां

मुझे जन्म देकर इस दुनिया में लाने वाली हो तुम ,
मुझे जीना सिखाने वाली हो तुम ,,
मुझे सही गलत की पहचान कराने वाली हो तो तुम ,,
मेरी पसंद नापसंद को समझने वाली हो तुम ,,
मेरे लिए सारी दुनिया से लड़ने वाली हूं तुम ,,
मेरी शक्ति हो तुम मेरी भक्ति हो तुम
मेरी अनमोल सी दौलत हो तुम ,,
मेरे कहने से पहले समझ जाने वाली और तुम ,,
मेरी शक्ति हो तुम मेरी भक्ति हो तुम ,,
मेरी अनमोल सी दौलत हो तुम ,,
मेरी खामोशी से मेरे दिल का हाल जानने वाले हो तुम ,,
मेरी हर एक सांस में बसने वाली हो तुम ,,
मेरी दुनिया तुम मेरी दुनिया हो तुम ।।

13. इश्क

सजदा करू मैं अपने इश्क का ,,
रहूंगी तेरे साथ हमेशा ये वादा है मेरा ..
सारे दुख सुख हम साथ बाटेंगे ,,
जो आए कोई मुसीबत तुझपे
तो उसे पहले मुझसे गुजरना होगा ..
मेरे होते हुए तुझे कोई दुख तकलीफ ,,
छू भी नहीं पाएगी ये वादा है मेरा तुझसे ...

14. क्या बात है जी ....?

क्या बात है जी ऐसे प्यार भरी नजरो से क्यों घायल कर
रहे है मुझे..
आप बेहद खूबसूरत है मोहतरमा आपकी खुबसूरती के आगे
तो वो चांद भी आधा लगता है ..
अच्छा जी ऐसा है क्या ..?
हां बिलकुल कभी मेरी आंखों से देखो आप खुद को ,,
तब आपको पता लगेगा कि हजार अप्सराएं भी आपके
आगे फीकी है ..
वन में हर भरे पेड़ पौधे रंग बिरंगे पुष्प उनपे लहराती
तितलियां
इन सब से भी आप मुझे ज्यादा प्यारी लगती है....!

15. जज़्बात

हर वक्त मन में कई सारे सवाल जबाव आते रहते है
लहरों के जैसे विचार टकराते रहते है
खुद ही खुद में कुछ उलझी सी रहती हूं
शब्द रूपी धागे में अपने जज़्बातों को पिरो के
यूं पन्नों पे बिखेर देती हूं ।।

16. आखिरी सांस

स्त्री के स्त्रीत्व की परिक्षा लेने की कोशिश न करे
क्योंकि वो एक बार सच्चे दिल से किसी की हो गई
तो आखिरी सांस तक बस उसी की रहती है ..!
बस उसी के लिए जीती मरती है
अपना हर वादा निभाती है उसके प्रेम पे संदेह न करे ..!

17. इबादत

इश्क इबादत है गर
तो कीजिए ना इबादत
करें इश्क बेपनाह
पर रब न माने उसे
रब बस एक है ..
पूजे बस उसे
रुलाएगा गर वो खुदा
तो पोंछेगा भी आंसू तेरे
यूं उससे की मोहब्बत
जाया नही जाती
जाया नही जाती ....!

18. तुम

ख्वाबों में जो देखा था चेहरा
कुछ अनजाना सा
कुछ पहचाना सा
शायद तुम वही तो नही ..!
निगाहों में बसा था जो
नाम था लबों पे जिसका
शायद तुम वही तो नही ..!
हाथो में हाथ डालकर
देखा था जो ये जहां
तेरे कांधे पे रख के
सर बिताए थे जो लम्हे
शायद तुम वही तो नही ..!

19. ओ यशोदा मैया

ओ यशोदा मैया देख तेरा कान्हा मुझे सता रहा है
मेरी बईया ये दबा रहा है ..
कही लचक ना जाए मेरी कमरिया ये मुझे बड़ी जोरो
से पूरे वन में दौड़ा रहा है ..
करके सोलह श्रृंगार मैं इसे दिखाने आई और ये
मुझे ही सता रहा है ..
तेरा नटखट सा भोला भाला लाला मुझे ही बस ये
अपना अनूठा रूप दिखा रहा है ..
तेरे सामने तो ये सीधा सा बना जाता है सारी चालाकियां
बस ये मुझे ही दिखा रहा है ..
सबके घरों से माखन ये चुरा के बस तुझे ही ये
अपनी बातों से फुसला रहा ..
देख मोरी मईया तेरा लाला सीधा साधा नही
अब बहुत नटखट होता जा रहा ..!

20. मीरा की प्रीत

बस तेरे ही गीत हर पल गाती रहती हूं ..
तू मेरा सहारा है निश्दीन तुझको भजती हूं ..
तेरे ही चरणों में रहती हूं ..
ना दिन की परवाह न रात का ठिकाना बस तुझको ही
मैं निहारती रहती हूं ..
मोरे सावले सलोने से कान्हा तुझसे ही मुझको प्रीत है ..
तेरे दर्श को ये अंखियां तरस रही है ..
जो तुम दे दो एक बार दर्शन ये जीवन सफल हो जाए ..
कैसे मैं तुझको समझाऊं कि कितना लीन हो जाती हूं
मैं तुझमें ही कही खो जाती हूं ..
कि तेरे प्रेम में विष भी पी गई मैं तेरा प्रसाद जानकर
तू मुझे मेरे प्राणों से भी अधिक प्रिय है मेरे कान्हा ..
सिवाय तेरे मुझे कुछ नहीं चाहिए ..
तू बुला ले अपने पास मुझे तेरे चरणों में ये जीवन सवार
मैं
जो तू अपना ले मुझे मेरा जीवन तर जाए बस यही सोचा
करती हूं ..!

21. ओह मेरे कृष्णा

जो देखू आइने में तो अक्श तुम्हारा दिखाई देता है ..
मेरे कान्हा ऐसा दीवाना कर दिया है तुमने कि हर जगह
बस तुम ही तुम नजर आते हो ..
अपनी परछाई भी अब तो मुझे कुछ तुमसी नजर आने
लगी है ..
मेरी सोच में तुम , मेरे दिलों दिमाग में तुम कुछ इस
कदर छा गए हो कान्हा कि सिवा तेरे कुछ नही सूझता ..
मैं जो करू श्रृंगार वो बस तेरे लिए जो लगाऊं बालों में
गजरा तेरे नाम का ..
काजल है मेरी आंखों में तेरे प्यार का , होठों पे लाली है
तेरे प्रेम की ..
तेरी बंशी पे जो राग है वो बस मेरे नाम के तू बजाए
मधुर तान बस मेरे लिए ..
बंशी पे तेरी लीन होके नाचू मैं भूल जाऊं ये सारा जग तेरे
प्रेम में
दीवानी हूं मैं तेरे प्रेम में बस तू ही तू मुझमें समाया है ..
जो पूछे कोई पता मेरा तो बस तेरा नाम ले दू मैं ...!

22. मोरे कान्हा

तेरी बंशी की तान पे मैं दौड़ी चली आती हूं ..

तू बुलाता है मुझे इतने प्यार से मैं खींची चली आती हूं ..

इतनी मनमोहक धुन है तेरी बंशी की मेरा हृदय गदगद हो
जाता है

भूल के दुनिया की रस्में बस तुझमें ही मैं समा जाती हूं ..

लाल लाल होंठो पे रखके बंशी जो बजाते हो सारी दुनिया
यूं पल भर में मोह ले जाते हो ..

देख देख गोपियां तुझको ऐसे नजर लगाती हैं ..

गुस्से से मैं लाल हो जाऊ खींच के तुझको सबसे दूर ले
जाऊ

तुम देख के मेरा ये रूप धीमे से मुस्कुराते और कहते हो

ओ मेरी राधा रानी क्यों परेशान हो ये कृष्ण तो बस राधे
का ही है ..

एक तो सावले सलोने से मोरे कान्हा उपर से इतना
मनमोहक रूप कि लूं बलाए

तेरी कि नजर किसी की ना लग जाए ..

करके सोलह श्रृंगार अपने कान्हा को मैं रिझाती हूं

जो देखे एक नजर मुझको बस इसका ही इंतजार करती हूं

देखते ही उनके हाय शर्म से मैं मर जाती हूं ..!

23. शादी क्या इतना जरूरी है ...?

शादी क्या ये इतना जरूरी होता है अगर देर से शादी हो तो क्या उसमे उस लड़की की गलती है ,, नही है बिलकुल भी नहीं है हर किसी को एक हमसफर की तलाश होती है जो उसे समझे जीवन के अच्छे बुरे वक्त में उसका साथ दे उसके साथ उसकी मुस्किलो में खड़ा रहे वो अपने सारे सुख दुख उससे बांट सके बस वो उस सच्चे साथ की तलाश करती है इंतजार करती है कि उसे अपने मन का जीवन साथी मिले और मन का जीवन साथी चुनना हर किसी को पूरा हक है इसका चाहे वो लड़का हो या लड़की ..

ऐसा नही होना चाहिए कि लड़की है तो उसपे दबाव डाला जाए कि हमने कह दिया तो इसी से शादी कर लो और सारी जिंदगी वो घुटती रही उससे आपको कोई मतलब नहीं बेटा तुमसे ही कुछ गलती हुआ होगा अपना रिश्ता खुद संभालो हर जगह बस उसे ही दोषी ठहराया जाता है उसे ही दबाया जाता है अपने विचार उसपे थोपे जाते है ..
आखिर क्यों .. आखिर क्यों ....?
अगर किसी लड़की की शादी में देरी हो जाए तो उसे मानसिक तनाव देने की बजाय उसे हिम्मत दे देर से ही सही तुम्हे एक अच्छा हमसफर जरूर मिलेगा ।

देर से शादी बुरा नही है पर अगर जल्दी शादी हो और वो
भी गलत इंसान से हो जाए तो सारी जिंदगी बेकार हो
जाती है जीते जी जिंदगी नरक बन जाती है ,,, ...
सम्मान करे हर एक नारी का उसे ओछी नजरो से न देखे
उसमे
उसकी कोई गलती नही है हर चीज का समय होता है ..
तो जिंदगी को नरक ना बनने दे सही समय आने पर
शादी हो ही जाती है ....
आपकी ये ताने ओछी नजर उसे जीने नही देती है उसे
उसकी नजरो से गिरा देती है वो खुद में ही घुटने लगती है
ऐसा न होने दे उसे खुश रहने दे ..
शादी जिंदगी का एक पड़ाव है बस इससे ज्यादा कुछ नहीं
.. आज को नारी बहुत बलवान है वो पहले अपने पैरो पे
खड़ी होती है फिर शादी करती है..
नारी जाति की जय हो .....

24. जाले रिश्तों में भी लगते है..?

जाले सिर्फ पुरानी चीजों में ही नही ,,
बेजान पड़े रिश्तों में भी लग जाते है ..
रिश्तों में प्रेम रूपी पानी डालते रहे ,,
वरना खामोश पड़े रिश्ते भी सूख जाते है ..
कभी तुम उसकी सुन लो कभी वो तुम्हारी ,,
इस तरह रिश्ते आसानी से निभ जातें है ..
छोटी छोटी बातों पे यूं रिश्ते ,,
तोड़े भी नही जाते है ..
जबकि रिश्ते बनाने में संजोने में ,,
इक उम्र लग जाती है लोग पल भर में तोड़ जाते है ..
किसी अजनबी को अपना बनाने के चक्कर में घर
के लोगो को दुखी कर जाते है ..
किसी एक के प्यार को पाने के लिए ,,
सारे रिश्ते ठुकरा कर चले जाते है ..
बुरा वक्त पड़ने पर फिर वही पुराने ,,
रिश्ते याद आ जाते है ..
और उनके पास खींचे चले जाते है ..
घर वाले भी उन्हें माफ कर ,,
गले से लगा जाते है ...
जले से लगा जाते है ....!

25. खुशियां ढूंढने निकला था

गुमनाम से रास्तों पे खोज रहा वो
खोई हुई खुशियों को
मिले कुछ लोग नए कुछ पुराने ..
मिले जो नए हाल चाल पूछे
मिले जो पुराने तो बताए अपनी तरक्की
फुरसत ही कहां उन्हें किसी के हाल से ..
चल दिया वो अकेले ही
जो बिताया कुछ समय एकांत में
तो समझ आया वो खोज रहा था जो
खुशियां दूसरों में वो तो उसके अंदर ही
कहीं छुपी थी बस ढूंढने मात्र
की देरी थी ...!

26. यादें

यादें छोटा सा शब्द लगता है पर है नहीं इन्हीं यादों के
सहारे कोई अपनी जिंदगी काट लेता है ।
यादें खट्टी मीठी बुरी अच्छी सब तरह की होते हैं कुछ
यादें ताउम्र हमारे जहन में घर कर जाती हैं और कुछ
वक्त के साथ धुंधली पड़ जाते हैं ।
किसी के साथ बिताया हर एक लम्हा कभी-कभी मीठी याद
बन जाता है तो कभी कभी किसी की रुसवाई एक खट्टी
याद बन जाती है ।
छोटी-छोटी बातों पर रूठना किसी की याद दिला जाता है
तो किसी के चेहरे की मुस्कान हमारी जिंदगी बन जाती है।
किसी का चेहरा एक याद बनकर रह जाता है जो ना तो
बुलाया जाता है और ना ही दोबारा मिल पाना आसान
होता है बस एक भूली बिसरी याद बनकर रह जाता है ।।

27. जिंदगी

जिंदगी आसान दिखाई देती है ना उतनी होती नहीं है बहुत
से उतार चढ़ाव जीवन में लगे ही रहते हैं ।
यह जिंदगी कभी हंसाती है तो कभी रुलाती है कभी किसी
एक शख्स को भेजकर हमारी जिंदगी बदल देती है ।
छोटी-छोटी बातों में छोटी-छोटी चीजों में खुशियां ढूंढा ही
जिंदगी है ।
परिस्थितियां जो भी हो सब को कभी मुस्कुरा कर तो कभी
गले लगाकर कभी सूझबूझ से कभी अपनों के साथ तो
कभी अकेले ही उनका सामना करना पड़ता है ।आपका
हौसला बुलंद हो तो आपको कोई नहीं हरा सकता है।
मन के हारे व्यक्ति को कोई नहीं जिता सकता और मन
के जीते व्यक्ति को कोई नहीं हरा सकता ।
जो भी करें पूरे विश्वास और लगन से करें जिंदगी खुद
आपके आगे सर झुकाएगी ।।

28. कुछ गहरे शेर

• कुछ कर गुजरने का जज्बा हो ,

हर मुश्किल आसान लगती है ..
यूं किनारे पर बैठ कर ,
तूफान ए समुंदर बयां नहीं होते ...!

• गैरों से क्या शिकवा करना ,,

यहां तो अपने ही आस्तीन तले खंजर रखा करते है ..!

• विश्वास की डोर जितनी मजबूत होती जाएगी ,,

रिश्ता उतना ही निखरता जायेगा ..!

• जीवन में दोस्ती सबसे करो

पर विश्वास जरा सोच समझ के करना ..
आज कल लोग दांतो तले ब्लेड रखा करते है
कब आपके गर्दन काट दे क्या पता ...!

• निखरता भी वही है ,,

जो टूटा बड़ी बेदर्दी से हो ...!

• मरना तो सभी को है यहां

सोचा थोड़ा जी लूं साथ तुम्हारे ..
रोते तो हम वैसे भी लेते है
सोचा थोड़ा हंस लूं साथ तुम्हारे ..
बिखरे तो हम वैसे भी है
सोचा थोड़ा निखर लूं साथ तुम्हारे ...!

• सोच समझ के रिश्ता बनाने से कुछ हासिल नहीं होता
,

जो रिश्ता दिल से बनता है दूर तक चलता है ....!

• रिश्तों का कोई पैरामीटर नही होता ,,

कितना सच्चा है कौन कितना झूठा ...?
ये पता लगा पाना इतना आसान नही होता .....!

29. क्या मिलता है ..?
सब झूठ है

मदद करके भी किसी की मिलता क्या ......? यहां
चार शब्द भी आपके लिए बस आपके सामने ही कहे जाते
है ..
जो बात हमारी मदद की आ जाए तो दूर से ही हाथ जोड़
लिए जाते है ..
कौन किसका है ..? यहां
सब रिश्ते बस दिखावे मात्र के है
जो दिखते हमे हमारे साथ है
बीच राह में ही हाथ खड़े कर जाते है
एक सच्चा साथ मिल पाना भी इतना आसान नही है ....!

30. सुकून

एक सुकून की तलाश में
भटक रहा है मन दरबदर ..
भीड़ में ढूंढ रहा है वो
खुद की परछाई को ..
जहां कोई किसी का नही है
वहां उसे किसी अपने की तलाश है ..
जो समझे उसे और दे सके
कुछ सुकून के पल ..
पर वो भाग रहा है खुद से
जो ढूंढे खुद के अंदर ..
तो पता लगे कि सुकून बस
खुद में ही है ...!

31. शायद कुछ खोज रहा था

सुनसान सी सड़को पे वो खड़ा था
शायद किसी अपने को वो खोज रहा था..
किसी के जाने के बाद जो सन्नाटा छा जाता है
शायद वो उसी गम से जूझ रहा था..
कभी कभी जिंदगी बस यूंही काटनी पड जाती है..
ये सोचकर शायद मेरी गलती थी
या वो सच में जाना चाहते थे..
इंतजार कि शायद वो वापस आए
फिर एक बार..
कहीं सोच तो कही अफसोस ..!

32. औरत

आज के समय का सबसे कड़वा सच ..

औरत पे तो हर कोई सवाल उठा लेता है ..?

उसके कपड़े देखो क्या ये अच्छे संस्कार वाली दिखती है
..?

इसके बात करने का तरीका देखो कैसे हस रही हैं ..?

ये तो नौकरी कर रही है क्या ये अच्छे घर की लगती है

ये कैसे लड़को से कंधा से कंधा मिलाके चल रही है बोल

रही है सवाल कर रही है इनके बराबर खुद को समझ रही

है ये क्या अच्छी औरत / लड़की के संस्कार है क्या ये

पवित्र है ?

अरे हद है ऐसे समाज पर ऐसे विचारों को झुटलाती हूं मैं

ऐसे समाज को धीतकारती हूं मैं जो एक औरत को उसके

बोलने , उसके कपड़ो से और उसके समाज में बराबर खड़े

होने से उसको नीचा समझते है उसकी पवित्रता पे सवाल

उठाते हैं ।

आज के समय में सबसे आगे औरत है हर फील्ड में चाहे

वो सीखे कूद हो या हवाई जहाज उड़ाना या उच्च

अधिकारी बनना हर जगह औरत ने अपना एक सिक्का

जमा रखा है की वो किसी से कम भी है ।

कर कही अभी भी उन्हें रोक टोक के चार दिवारी में कैद

सा रखा जाता है उनके सपनों पे विचारों पे और इच्छाओं

पे अंकुश लगाया जा रहा है ।

मेरी समाज से आप से यही गुजारिश है कि बेटियो को बहुओं को पढ़ने दे उनके सपनों को बुनने दे मेरा यकीन है हम और आप एक नए भारत का रूप देखेंगे आपको एक दिन गर्व होगा अपनी बेटियो पे उनके विचारों पे उनकी सोच पे ...

33. बेटी से मां बनने तक का सफर

मैं शुक्रगुजार हूं उस रब की जिसने मुझे लड़की बनाया एक नारी से ही दुनिया का सर्जन होता है वह एक बच्चे को जन्म देकर इस दुनिया में लाती हैं ।

उसे पालती पोषती बड़ा करती है उससे उस मां को इतना लगाव हो जाता है जब से वह उसके पेट में आया तब से वह उसकी दुनिया बन गया और जन्म के बाद उसके पालन-पोषण हर वक्त अपनी आंखों के सामने अपने बच्चे को देखने जैसे मानो वही उसकी पूरी दुनिया बन जाता है वह उसके लिए बचपन से ही हजार सपने बुनने लगती है उसका पहला बोला गया शब्द मां सुनने के लिए बेचैन रहती है वह पहली दफा कुछ भी शब्द जो बोलता है वह से ऐसे खुश होती है जैसे न जाने उसने क्या पा लिया मां तो बस मां है वो केवल प्रेम करना जानती है । एक मां ही है इस दुनिया में जो बिना किसी स्वार्थ के अपने बच्चे से प्रेम करती है और कभी वह बच्चा उस मां का दिल भी दुखा देता है तो भी वह मुस्कुरा देती है महान है मां जो हजार दुख तकलीफ और उस बच्चे को जन्म देते वक्त जो पीड़ा सहन करती है और हस्ते हस्ते सब तकलीफ सहन करती है चाहे जितने उतार चढ़ाव आए जिंदगी में अपने बच्चे पे आंच भी नही आने देती है ,उसका दर्जा उस खुदा

से भी ऊपर होता है !!

34. हर नारी के दिल की पुकार

अपनी मां बहन और बेटी तुझको लगती बड़ी प्यारी है ,

और राह चलती लड़की को तू देख-देख ललचाता है ,

जो बात तेरी मां बहन या बेटी पर आ जाए तो क्यों तेरा
कलेजा फट जाता है ,

अपने घर की मर्यादा जैसे तुझको लगती प्यारी है फिर
क्यों तू दूसरों की इज्जत के साथ खिलवाड़ करना चाहता
है ,,

अपने घर की बेटी को साथ लेने और छोड़ने जाता है और
जो कोई लड़की दिख जाए अकेली तो क्यों तेरे मन में
गलत भावना जग जाती है ,

आखिर कब तक नारी इस दर में जाएगी कि कहीं वह
किसी मनचले की बुरी भावना का शिकार न बन जाए ,

उसे भी जीने का उतना ही हक है जितना कि बाकी सब
को है उसे खुले विचारों से सम्मान के साथ जीने दे ।।

35. नारी नहीं है नाजुक कली

न जाने कितने ही शूरवीर और राक्षसों को मार गिराया है ,

नारी नहीं है नाजुक के लिए उसने बतलाया है ,
वक्त वक्त पर मां बेटी बहू पत्नी हर रूप को उसने निभाया है ,
आए जो आंच उसके आत्मसम्मान पर उसने भद्रकाली का रूप दिखाया है ,
ज्यों ज्यों पाप बड़े धरती पर विनाश काल ही आया है ,
छेड़छाड़ जो करे उसके सम्मान से विनाश उसने अपना स्वयं ही लिखवाया है ,,
सम्मान जिसने किया है उसका उसने उसे सर आंखों पर बिठाया है ।।

36. नारी शक्ति

नारी को कमजोर ना समझिए
वक्त आने पर वो तलवार और बेलन दोनों बखूबी चला
सकती है ,
वो बच्चे को जन्म भी दे सकती है और उसके हक के लिए
सारी दुनिया से लड़ भी सकती है ,
मां दुर्गा और मां गौरी दोनों ही रूप एक औरत में समान
होते हैं ,
उसे अपनी कमजोरी नहीं ताकत समझिए उसका सम्मान
कीजिए
वो आपके लिए अपने प्राणों को भी न्यौछावर कर देगी ।।

37. जरा सुन के देखो

जरा सुन के देखो ये बहते हुए झरने कुछ कह रहे है ..
ये बहती हुई नदियां कुछ कह रही है ..
ये गरजते बादल कोई दासतां सुना रहे है ..
किसी की भीगी आंखे उसके बिछड़ने
का गम सुना रही है ..
किसी की झूठी मुकुराहट उसके पीछे
का गम छुपा रही है ..
बस सुनने मात्र की देरी है हर चीज
में कुछ न कुछ छुपा रही है ...॥

38. एक सोच

थोड़ी चुलबुली थोड़ी नादान हूं मैं
खुद ही खुद में खोई रहती हूं मैं
ना किसी के आने की खुशी न किसी के
जाने का अब गम मनाती हूं मैं
अच्छे ने अच्छा बुरे में बुरा जाना मुझे
सबका अच्छा करके भी खुद को
लोगो की नजरो में बुरा पाया मैंने
अब ना किसी से दोस्ती ना किसी से
दुश्मनी करना है मुझे
अब झूठी दोस्ती और उम्मीदों से दूर जाना है मुझे
बस अब अकेले चलना है मुझे
अकेले चलना है मुझे .....!

39. याद है क्या ...? वो ..बाते .. वो पल ..

याद है क्या आपको छोटे भाई बहनों से झूले के लिए लड़ना पहले मैं झूलूंगा मैं तुमसे बड़ा हो और न देने पर मार के भाग जाना

कभी अनुज (छोटे भाई बहन) को झुलाते हुए तेज झूला देना उसका चिल्लाना भाई जरा धीरे झुलाओ उसका डरना और आपका थोड़ा धीरे झुलाना वो प्यारे प्यारे लम्हे बचपन के बहुत याद आते है ..!

कभी कभी झुलाते हुए इतना तेज से धक्का देना कि हवाओं से बाते करना आनंददायक लगता था और अगले ही पल धरती में मिल जाना यानी गिर जाना ज्यादा ही तेज झूल गए थे फिर घुटने में लग जाना कभी कभी दांत से खून आ जाना और मां से छुपाना कि चोट लगा है नही तो मां झूला हटा देंगे ये डर का बने रहना खुद जाकर क्रीम लगा लेना या कागज फाड़ के चिपका लेना

कई बार बचपन में हर कोई झूले से गिरता ही है फिर भी झूलते है हमारे इरादे बचपन में बहुत मजबूत होते थे जो चाहिए है उसे हासिल करते है ..!

गिरते पड़ते थे फिर कोशिश करते थे वो मासूम सी कोशिश निर्मल हृदय बचपन की अनूठी यादें हृदय गदगद कर जाती है वो झूले से गिरना दौड़ते वक्त गिर जाना

घुटने का छिल जाना फिर क्रीम लगा कर मां से घुटना छिपाना डांट के डर से फुल पेंट पहना हर किसी के साथ होता ही है ♥?
जरा याद करो वो सुहाने पल .. और बताओ मुझे अपने वो कुछ पल ..॥

40. दिल अक्सर कहता है मुझसे

दिल अक्सर कहता है मुझसे कि छोड़ दुनिया को दूर चलते
हैं कहीं ,,
जहां सिर्फ मैं हूं ,,
और ढूंढते हैं उस सुकून को जो खोया है कहीं .. पहाड़ों की
वो सर्द सी हवाएं हो ,,
झरनों की आवाज चारों तरफ हरियाली रंग बिरंगे फूल और
राहत के वो पल हो ,,
ना घर की चिंता हो ,,
ना दुनियादारी की बस मैं हूं और मेरे सुकून की छोटी सी
दुनिया ,,
चलो चलते हैं वहां से जहां से आना इस दिल को ना
गवारा हो

41. पढ़ाई

वो खामोश सा खड़ा देख रहा था
मन तो उसका भी था पढ़ने का
पर लाचार था गरीबी से
अपनी मजबूरी से और कुछ घर की जिम्मेदारी से भी
दूर खड़ा खड़ा बस सोच रहा था कि काश मैं भी किताब
कलम लेकर पढ़ पाता ...,
मैं भी कुछ बन पाता अपने सपने संजो पाता बस एक
ख्वाब है उसका जो शायद सच ना हो पाता...!

42. बारिश

बारिश की बूंदे जब जमीं को छूती है ..
एक मधुर सी ध्वनि सुनाई देती है..
पत्तो पे ये बारिश की बूंदे रत्नों जैसे चमकती है..
मोमबत्ती हवा के झोंको से फड़फड़ाती है..
बुझती सी है कुछ जलती है..
मेरा हृदय इन सब को देख देख गदगद हो जाता है ...!

43. खूबसूरती

खुबसूरती सिर्फ चेहरे में ही नही ढूंढो

कभी तो इन पहाड़ों को देखो

बहते हुए झरनों को देखो

खेलते हुए बच्चो की मुस्कान देखो

बारिश की बूंदों को हाथों पे लेकर उछालो

चेहरे पे बारिश को महसूस करो

इन वादियों को इस खूबसूरत प्रकृति को देखो

ये सब सच में अतुलनीय है

उस ईश्वर का दिया अनमोल तोहफा है ...!

44. वक्त

ए वक्त जरा ठहर जा जरा सांस तो लेने दे ,
रेत की तरह बस तू यूंही फिसलता जा रहा है ..
जरा दो पल मेरे साथ बैठ तो सही ,
मेरे दुख सुख तो सुन जरा ..
तू बस अपनी गति से भागा चला जा रहा है ,
पता है तुझे तू कितना कीमती है ..
बस तू ही है जो किसी के लिए नही रुकता ,
बस बिना किसी की परवाह के अपना काम करता है ..
तूने अच्छे, बुरे, दुख, सुख, बचपन, जवानी, बुढ़ापा
उमर के सब पढ़ाब देखे है ..
पर तू वैसा के वैसा ही है इन सबका तुझपे कोई प्रभाव
नहीं पड़ता ..
तू बस अपनी गति से बढ़ता जाता है ,
जरा दो पल तो ठहर मुझे तुझसे कुछ गुफ्तगू करनी है....!

45. एहसास

रिश्तों में एहसास का होना बहुत ज़रूरी है
बिना एहसास के रिश्ते ज्यादा दिन नहीं ठहरते ..
इस मतलब की दुनिया में कोई किसी का नहीं होता
मतलब निकलते ही आपको पहचानते तक नहीं ..
जब तक मतलब होगा एकदम मीठी छुरी बने होते है
और बाद में तीखी छुरी बन जाते है ..
सबसे पहले खुद से खुद का रिश्ता निभाओ
खुद को खुश रखना बेहद जरूरी है ..
क्यूंकि जब तक आप खुद में खुश नहीं रहोगे
किसी दूसरे को खुश क्या रखोगे ..
खुद से मिलना भी जरूरी है जीवन की भागदौड़ में हम
खुद को ही भूल जाते है ..
कोई कमाने में लगा के कोई गवाने में तो कोई तरस रहा
है चंद रुपयों को ..
जब तक हमें एहसास होता है कि हमें भी खुद के लिए
जीना है तब तक बहुत देर हो चुकी होती है ..
होश आता है कि हमने तो वो सब खो दिया है जो हम
पाना चाहते थे ..
इसलिए कमाओ खाओ और ज़िन्दगी को ज़िन्दगी के तरह
जियो जो करना चाहते हो वो करो सही समय का इंतजार
ना करो जो है वहीं सही समय है ...॥

46. कुछ कमी रहना भी जरूरी है..

ज़िन्दगी में कुछ कमी रहना भी जरूरी है सब कुछ मिल
जाएगा तो फिर किसी चीज़ की चाह ही नहीं रहेगी ..

जब तमाम खुशियां मिल जाती है तो हम उस खुदा को भी
पल भर के लिए भूल जाते है और बस अपने में ही मगन
हो जाते है

पर जब कोई दुख आता है तो हमें वो खुदा ही याद आता
है सबसे पहले की तूने ये क्या किया मेरे साथ बस उसही
दोषी मानते है ..

चाहे खुशी हो या गम सबसे पहले उस खुदा का शुक्रिया
अदा करना चाहिए क्युकी जब तुम खुदा को खुशियों में
याद नहीं करते तो तुम्हे उसे गम में याद करने का भी
कोई हक नहीं है ...॥

47. प्रकृति और रिश्ते

ये प्रकृति भी बड़े कमाल की चीज़ है
अब किसी भी पेड़ को ही देख लीजिए उसमे
भूमि के अंदर तो जड़े फैलाई हुई है
पर भूमी के बाहर भी जड़ो ने अपना स्थान बना लिया है
..!!
ऐसे ही हमारे रिश्ते होते है
कुछ खट्टे , कुछ मीठे , कुछ नखरीले ,कुछ चटकीले
पर हमें कभी चाह कर तो कभी ना चाह कर
उन्हे निभाना ही होता है क्यूंकि ये रिश्ते कोई एक दिन में
नहीं बनते है पर बिगड़ जरूर पल भर में जाते है इन्हे
कैसे भी संभाल के रखीए ये एक ना एक दिन अपनी जगह
बना ही लेंगे ..॥

48. प्रकृति की गोद में

प्रकृति हमारी मां है आज कल तो फैशन बन गया है पेड़ काट रहे है कोलोनी बना रहे है और हरे भरे बाग बस शो के लिए कुछ पेड़ घर के बाहर रख दीए जाते है असल में किसी को नहीं पड़ी है पेड़ पोधों की जबकि पीपल के पेड़ से सबसे ज्यादा ऑक्सीजन मिलती है पर कुछ ही पेड़ बचे है लोग ज्यादा पसंद नहीं करते है

ये प्रकृति ने हमें बहुत कुछ दिया है फल, फूल ,और सबसे जरूरी ऑक्सीजन जिससे हम ज़िंदा है अगर पेड़ पोधे नहीं होंगे तो हम सांस कैसे लेंगे सोचा है कभी ,,

नहीं पर तुम्हे क्या तुम्हे तो बड़े बंगले बनाने है पेड़ से शो खराब होता है काट दो और जब सांस लेने में दिक्कत होती है तो ऑक्सीजन ही लगाया जाता है चाहे वो ऑक्सीजन सिलिंडर ही क्यों न हो आखिर काम तो ऑक्सीजन ने ही किया

पेड़ से हमें कई तरह की आयुर्वेदिक औषधि मिलती है खाने में इस्तेमाल होते है कई पेड़ के पत्ते फल बीज और भी बहुत सी चीज़े है जो बस हमें प्रकृति से ही मिल सकती है

हमने पेड़ पोधो को जगह नहीं दी है जीवन नहीं दिया है उन्होंने हमें जीवन दान दिया है वो। नहीं तो सांस भी नहीं ले सकते हम

प्रकृति ने हमें अपनी गोद में सुला लिया है चारो और पानी है बीच में पृथ्वी है हरी भरी खेत है जंगल है हमारा जीवन है सृष्टि यह जीवन का आधार है !

49. सबसे खारा क्या है ..?

अगर मैं कहूं कि सबसे खारा क्या है ...? तो आप कहोगे
समुंदर का पानी पर असल में उससे भी खारे है कुछ लोगों
के विचार

समुंदर के पानी को तो लोगो ने कई तकनीकों के द्वारा
अपने उपयोग के लायक बना लिया है ।

पर कुछ लोगो के विचार तो समुंदर के खारे पानी से भी
खारे है उनका क्या उनको कैसे ठीक करे अपनी तरक्की से
अपनी कामयाबी से लोगो के मुंह खुद बा खुद बंद हो
जाएंगे ,,

कोई भी नई चुनौती को लेने में कठिनाई अवश्य आती है
पर दृढ़ संकल्प हो तो हर मुश्किल आसान हो जाती है ।

अपने जीवन का कोई ना कोई लक्ष्य जरूर बनाइए ,,
और उस पूरा करने पे जुट जाइए एक न एक दिन आप
सफल जरूर होंगे कामयाबी जरूर मिलेगी ।

अगर चाहो तो ज़िन्दगी में कुछ भी मुश्किल नहीं है
बस आपमें चाहत होनी चाहिए कुछ कर गुजरने की
आपको कोई नहीं रोक सकता ।

हर कोई अलग होता है हर किसी के विचार अलग होते है
सबकी मंजिल अलग होती है किसी के जैसा बनने का
प्रयास ना करे खुद को ही एक उदाहरण बना ले कि लोग
आपके जैसा बनना चाहे ..!!

50. समुंदर

समुंदर की लहरों को देखा है कभी कभी तो एकदम शांत
होती है और कभी अचानक से उफान आ जाता है कोहराम
मच जाता है कई गांवों जगहों को डूबो के जाता है पर
कुछ पल के बाद फिर से पहले के जैसे शांत हो जाता है ।
जीवन भी इसी तरह है कभी एक दम शांति होती है
खुशियां होती है सुकून होता है ।
तो कभी अचानक से कहीं से तूफान सा जाता है ज़िन्दगी
में उथल पुथल मच जाती है ।
हजार मुश्किलें और गमो के बादल घेर लेते है ,,
जीवन में संयम होना बहुत जरूरी है जिससे आप हर
मुश्किल में खुद को सही तरह से संभाल पाए कुछ वक़्त
के बाद स्थिति सामान्य जरूर हो जाती है ..।।

51. झूठी मुस्कुराहट

कौन कहता है कि चेहरा हमेशा सच्चाई दिखाता है अरे
जनाब यहां तो हर एक मुस्कुराहट झूठी है ..
कोई अपनी मुस्कान के पीछे अपने दर्द छुपा रहा है तो
कोई अपनी गरीबी ..
ये दुनिया है जी, यहां तो कई चेहरे ऐसे भी है जो एक
झूठी मुस्कान से अपने दोहरे स्वरूप को छुपाए रहते है ..
अपनों से भले तो वो दुश्मन है जो सामने से वार करते है
आज कल तो अपने ही अपनों के भेष में छुपे दुश्मन बने
बैठे है आपके मुंह पे बढ़ाई और पीठ पीछे छुरा बोखने का
काम करते हैं ऐसे दोमुंहे इंसानों से तो सांप भले है ऐसे
लोगो से बचकर रहिए ...!!

52. भूख , प्यास , गरीबी

कभी आप भूख , प्यास, गरीबी , उस बच्चे से पूछ कर
देखो जो सड़क को ही अपना घर मान के सो जाते है
कंकड़ पत्थर से भरी पथरीला बिस्तर ही उनकी किस्मत
बन जाती है जिनके ना कल का ठिकाना है ना आज का
ना कोई भविष्य है बस वो जी रहे है उस ईश्वर के भरोसे
और अपने कर्मो के बल पर ..।
कुछ तो ऐसे है जो पढ़ना चाहते है पर मजबूरी के बोझ
तले बस्ते के जगह बोरिया है किसी के पास इतने कपड़े है
कि हर रोज नया पहनते है और कुछ फटे कपड़े पहन रहे
है हर तरह के लोग है कहीं आमीरी है कहीं भूखमरी है ..।
ऐसी चीजे आपको अपने चारो ओर नजर आएगी बस
अपना नजरिया बदल के देखो जितनी आसान ये दुनिया
लगती है उतनी है नहीं जीना बहुत मुश्किल है कुछ लोगो।
के लिए तो कुछ के लिए आसान है हर तरह की
परिस्थिति है हर तरह के लोग है ..!!

53. मुस्कुराहट

ये जरूरी नहीं है कि आपको हर चीज पैसों से मिल जाए
आप किसी का वक्त और किसी के चेहरे की मुस्कुराहट
पैसों से नहीं खरीद सकते..

मुस्कुराहट पैसों की मोहताज नहीं ये तो बस चेहरे पे आ
जाती

है जब आप अन्दर से खुश होते है या कोई ऐसा मिल
जाए जो आपके दिल के करीब हो और आपके सामने आ
जाए आप खुद ब खुद उसे देखकर मुस्कुरा देंगे ।

दोस्ती एक ऐसा रिश्ता है जो अमीर गरीब की झूठी शान
से कहीं ऊपर है ।

कभी गरीब की झोपड़ी में जाकर देखो जनाब बच्चे भूखे
जरूर मिलेंगे पर उदास नहीं उनके चेहरे की मुस्कुराहट
देखकर आपको भी उनसे ईर्ष्या होगी कि ये बच्चे इतने
खुश कैसे रह लेते हैं उनके चेहरे की मुस्कुराहट देख के
आप अपने ही गम भूल जाएंगे ..।।

54. कर्म

आप अमीर है या गरीब भगवान आपका पैसा नहीं देखते
है ।
वो देखते है आपके कर्म जीते जी कर्म कर ले ऐसा की जब
जाए आप भगवान के पास तो आप अपने अच्छे कर्म
अपने साथ ले जाए क्योंकि इसके सिवा आपके साथ कुछ
और नहीं जाएगा
आपकी सारी धन दौलत रिश्ते नाते सब यही धरा रह
जाएगा ।
इसलिए छोड़ दो ये झूठी शान ओ शौकत और कर्म कर लो
कुछ अच्छे उस खुदा के पास कर्मों का हिसाब होगा तेरे न
की पैसों का
कहीं ऐसा न हो की मोह माया में फंसकर लालच में उलझ
कर तू
उसका गुणगान करना ही भूल जाए और तू हिसाब के
वक्त तेरी झोली खाली हो जाए ...!

55. भोजन

हमारे संस्कार में है खाना खाने से पहले भगवान को
प्रणाम करना चाहिए तब उसको ग्रहण करना चाहिए कि
शुक्रगुजार हूं मै भगवान आपका कि आपने हमें भोजन
दिया आपका कोटि कोटि धन्यवाद ..!
इंसान हर जगह पैदा होते है पर इंसानियत कहीं कहीं
जन्म लेती है ...!
कई लोगों के पास बहुत से विकल्प हैं खाने के लिए और
कुछ के पास कुछ नहीं है खाने को, जो मिल जाए रूखा
सूखा उसी में गुजार लेते है जो भोजन आप यूंही फेंक देते
है ना जाने कितनो को वो नसीब नहीं होता ,,
कदर करे उस भोजन की जो भगवान आपको दे रहा है
कभी कभी तो जाने कितनी बार ऐसा होता है ,,
कि हम अपने पसंद का खाना ना पाकर नाराज़ होकर उठ
जाते है और ना जाने कितने लोग उसी भोजन के लिए
तरसते है कुछ लोग जो मिल जाए उसे सुकून से खा लेते
है कि कुछ तो मिला खाने को ..
और कुछ लोग सामने आए भोजन का तिरस्कार कर देते
हैं ये भोजन बस यूंही आपको नही मिलता हैं उसके लिए
किसान अनाज सब्जी उगाता है मेहनत करता है आपके
पिता दो पैसे कमाने के लिए दिन रात लगे रहते ही तब
जाके आपको खाना मिलता है ।।

कदर करे मिले हुए भोजन की और शुक्र अदा करे उस रब का अपने
माता पिता का जिनसे आपको ये भोजन मिला है ...!!

कदर करे मिले हुए भोजन की और शुक्र अदा करे उस रब का अपने
माता पिता का जिनसे आपको ये भोजन मिला है ...!!

56. उन सुहाने पलों में खो जाना

सुबह-सुबह रसोई से आती चाय की खुशबू ,,

वो समय पर समय पर अखबार आ जाना ,,

छत पर चिड़ियों का दाना डालना ,,

पंछियों की चहचहाहट सुनना ,,

पौधों में पानी देना ,,

सुगंधित फूलों का खिलना ,,

बच्चों का सुबह उठकर जल्दी-जल्दी स्कूल को तैयार होना

,,

भागते हुए दादा-दादी के चरण छूना ,,

आईने में जाते वक्त चेहरा देखना ,,

ये सब सुबह का एक अभिन्न सा भाग होता है जो कि

बड़ा अच्छा लगता है ,,

परंतु एक वक्त के बाद ये सब एक याद बनकर रह जाता

है ,,

बच्चे बड़े हो जाते हैं कॉलेज जाने लगते हैं अपनी अपनी

जिंदगी में पढ़ाई में व्यस्त हो जाते हैं और वह जो पुराना

दौर है वह बहुत याद आता है हमें ,,

और हम बैठे बैठे मुस्कुराने लगते है और उस वक्त के

पलों में को जाते हैं हैं ना ।।

57. ये जरूर पढ़ें

हम खुशी के लिए न जाने कहां कहां भटकते रहते है और दूसरो में अपनी खुशियां ढूंढते रहते है किसी दूसरे को खुश रखने की कोशिश करते रहते है और चाहते है की वो हमे खुश रखे हमारी सारी बाते माने हमारी ही तारीफ करे कुल मिलाकर हम दूसरो को अपने खुशी और दुख का कारण मानते है दरअसल ये सबसे ज्यादा गलत है अगर आप स्वयं को खुश नही रख सकते हैं तो क्या आप दूसरो को खुश रख पाओगे बताओ जरा सबसे पहले हम खुद को खुश रखना है हम क्या चाहते है हमारा मन क्या चाहता है हम किस चीज से खुशी मिलती है वो करो जिससे आप खुश रहो जब आप खुश होंगे तो आपके आस पास बहुत लोग होंगे कि उसके पास चलो वो हर हाल में खुश होता है अगर आप दूसरो को खुश करने में खुद को ही मिटा दोगे और खुद दुखी रहोगे तो क्या मिला आपको कुछ नही इसलिए स्वयं को खुश रखना सबसे बड़ी चुनौती है इसे स्वीकार करो फिर दूसरो को खुश रखने का सोचना मेरी आशा है अप सभी को मेरी बात समझ आई होगी ।

आपकी प्यारी लेखिका

सृष्टि शिवहरे